JN173670

子どもの
自己肯定感UP(アップ)
コーチング

神谷和宏

金子書房

はじめに

最近「心が折れる」という言葉をよく聞きます。その言葉を聞くと、豪雪地帯で深々と雪が降っている中、大木の枝が突然雪の重さに耐えかねて「ボキッ！」と折れるイメージが湧いてきます。

枝に降り積もった雪は、子どもの「心のストレス状態」に置き換えることができます。春の雪解けまで雪の重さに耐えられることができれば、この枝は次の年にはひと周り成長し「折れにくい枝」になります。

子どもは、さまざまな心のストレスに日々さらされています。このストレスをどうするのか、その処理方法、対処方法を、身につけている子どもは、ストレスが心の中に降り積っても折れることはありません。つまり、この子どもは「心の容量」が大きいということです。この「心の容量」が「自己肯定感」と考えられます。

自己肯定感が高ければ、日々の学校生活のさまざまなストレスに襲われても、十分に耐えられます。また、何かで失敗して折れそうになっても、自分なりの対処ができるでしょう。うまく気持ちを切り替えて、自分を再生する方法を考え、自分なりの活躍の場を見つけます。

一方、自己肯定感の低い子どもというのは、この逆です。日々のストレスを感じても、自分なりの「ストレス処理」の方法がわからず、おざなりに扱っている人は、知らず知らずのうちに心の中に雪が降り積もってしまいます。そして、なかなかそのことに気づきません。知らず知らずのうちに自分を追い込み、最悪の場合、折れてしまい、再び立ち直るには大変な努力を要します。また、そのことも自覚しないで生活しているのです。

自己肯定感が高まらない背景には、いろいろなできごとや心の状態が隠れています。

「いままで精一杯取り組んできたことが、まったくの無駄だった」
「一生懸命にがんばったけれども、結果が実らなかった」
「信じていたはずなのに裏切られて、誰も信じられなくなった」

このときの自己肯定感は最悪の状態でしょう。このような気持ちになった時に、注意すべきことは、「自分を責めてはいけない」ということです。

ほとんどの子どもは、努力に伴った結果が得られないとき、自分の「ふがいなさ」を責めることがあります。

「結果を出せなかったのは、自分に才能がないから……ダメだ」

「本当はもっとがんばれたはずなのに、自分はそれをさぼったから……ダメだ」

「うまくいかない、やれない、自分が情けないから……ダメだ」

と、何でも「自分のせい」にしがちですが、それが、さらに自己肯定感を下げる要因となります。

もし、「自分はダメだ」と感じたのであれば、まずは自分を再生させることを考えてほしいところですが、自分で自分を責めて、「立ち直れない」ようにしてしまいます。これこそが、最悪の方法といえます。「なんとか気持ちを切り替えて、自分の心を再生させよう」というのが本書の趣意です。

学校で、日々教師は次のような言葉がけをします。

「いままで精一杯取り組んでことは、必ず役に立つ」

「一生懸命にがんばったことから、結果が残るはずだ」

「信じることで、望みは必ずかなうはずだ」

「努力することはうそをつかない、結果はついてくる」

もちろん、このような言葉は「意欲やモチベーション」を喚起するためには、有効で必要なことです。「自分を励ます言葉」を心の中に秘め、「自分を追い詰め」て、高いレベルの成功を体験した子どもも多くいます。けれども何人かの子どもは、たんに「がんばる」「努力する」だけではうまくいかないことも痛感しています。子どもは、どうすれば幸せになれるのか、その正解を見つけられず、ストレスだけが積み重なっていき、折れそうな心という不安を抱えたまま、長い期間にわたって耐えていることでしょう。

それらを対処する方法は、自己肯定感の土台にすべて隠されています。本書は、このような子どもを指導する教師や親に読んでいただきたいと思っています。「自己肯定感を高めるための方法をコーチングの立場を踏まえ、やさしく、マンガを取り入れ、見開きでわかりやすく解説する」という構成になっています。本書をヒントに、全国の教師と親、そして子どもたちの幸福に寄与できたら、これほどうれしいことはありません。

神谷和宏

目次

3章　自己肯定感を高めると子どもはこう変わる

4章　自己肯定感を高めるコーチングアプローチ

14 8

5章　自己肯定感を高めるセルフコーチング

1章

なぜ日本の子どもは「自己肯定感」が低いのか

先進四ケ国の比較から

二〇一一年二月に、財団法人日本青少年研究所から「高校生の心と体の健康に関する調査―日本・米国・中国・韓国の比較―」という資料が発表されました。この結果を見て、「やっぱり」と納得された方が多いではないでしょうか。

日本の子どもの多くは「自分への自信の欠如」「自らの将来への不安」を感じています。そして、その結果、自己肯定感が他国に比べ圧倒的に下がっています。

また、日本は古来から「謙虚であることが美徳」とされる文化を持っています。例えば、親が他人に「お宅の子はよい子ですね」と褒められたときに「いえいえ、そんなことはありませんよ」とか、「家ではちっともいうこと聞かないんですよ」などといったんへりくだった方が好まれます。しかし、そのへりくだりは幼い子どもには謙虚だとは、理解できません。言葉をそのまま取ってしまうことが多いからです。

質　問	米国	中国	韓国	日本
自分は価値のある人間だと思う	57.2	42.2	20.2	7.5
私は自分を肯定的に評価するほうだ	41.2	38.0	18.9	6.2
私は自分に満足している	41.6	21.9	14.9	3.9
自分が優秀だと思う	58.3	25.7	10.3	4.3
親（保護者）は私が優秀だと思っている	77.8	35.8	19.4	6.7

(%)

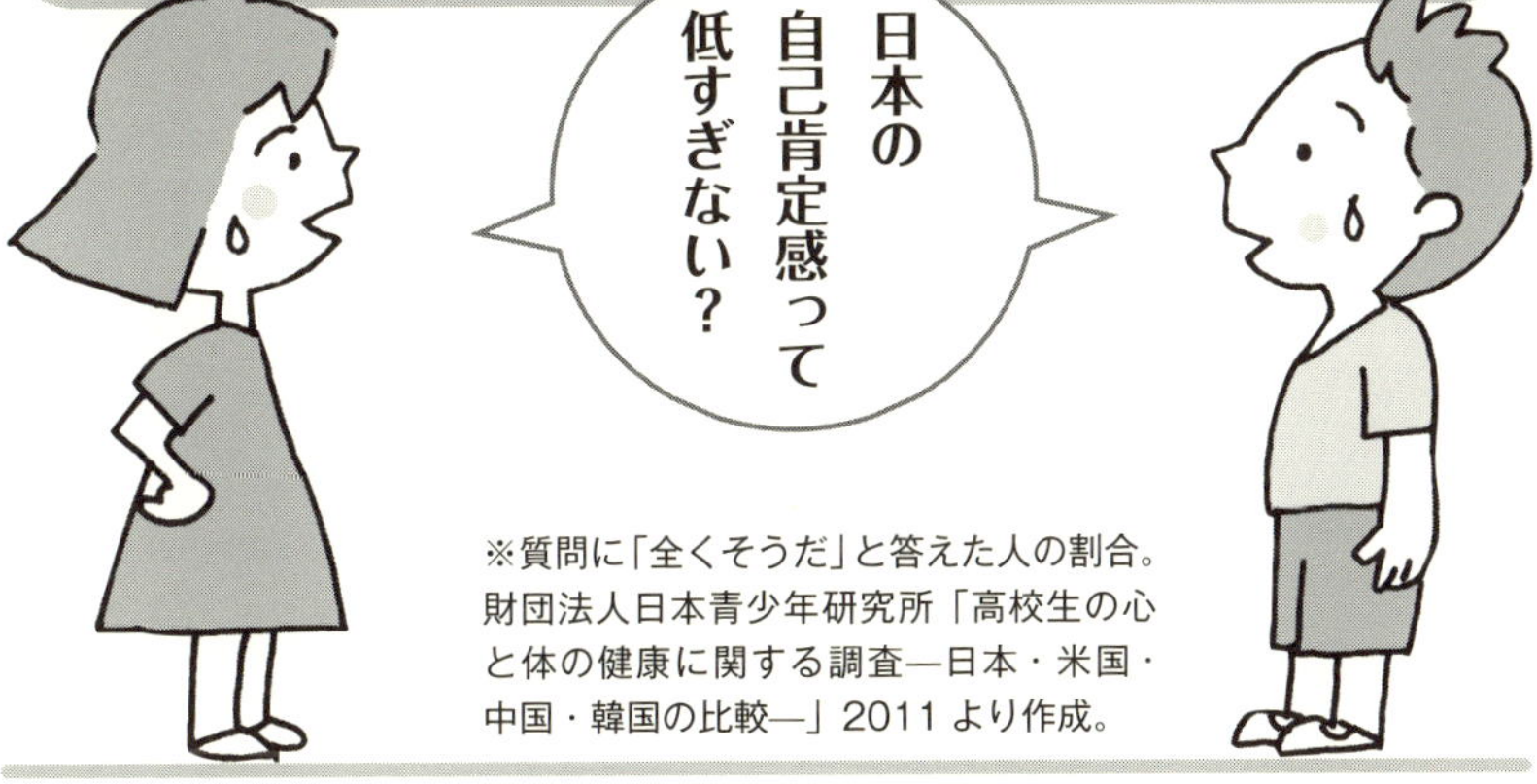

日本の自己肯定感って低すぎない？

※質問に「全くそうだ」と答えた人の割合。財団法人日本青少年研究所「高校生の心と体の健康に関する調査—日本・米国・中国・韓国の比較—」2011より作成。

日本の子どもは自己肯定感が低いのか？

“幼い子の子育ては、謙虚やへりくだりを優先しない”

自己肯定感は自分への司令塔

自己肯定感とは、自分で自分をどう肯定的に見ているかという感覚です。ですから、「自己肯定感の高い人ほど自分が好き」という事実も納得ができるはずです。

そして、自己肯定感は、単に自分が自分を思い描く「自分像」としてのみ存在するのではなく、自分への司令塔としての役割があります。

例えば「自分は無能だ。のろまだ」と思い込んでいた子どもが物事をしっかり要領よくしてしまうと、「無能な自分がこんなに凡帳面にやれるのはおかしい。こんな自分は自分じゃない」と自分自身に違和感を持ってしまいます。「自分は無能だ」という低い自己肯定感（司令塔）が、いつもと違う行動を阻害するからです。するといつの間にか本当に無能でのろまな人生になってしまいます。

高い自己肯定感を持った子どもほどよい方向へ、低い自己肯定感を持った人ほど悪い方向へ進んでしまいます。

自己肯定感が自分の世界をつくっている

〝司令塔が高い指示を出せば、自己肯定感も高まる〟

Coaching 1-3

指示・命令ばかりの指導をしていないか？

子どもは、教師や親のコピーではありません。それなのに、子どもの考えや気持ちを理解せずに、ただ頭ごなしに、「言われたとおりにやれ！」と指示・命令ばかりする教師がいます。すると、その場はよくても、子どもは徐々にやる気を失ってしまうばかりか、自分では考えようとはしない指示待ち人間になってしまいます。さらに指示・命令ばかりされると、自己防衛本能から、言い訳ばかりをしてその場を逃げようとしたり、器物破壊や周囲に対するいじめ・攻撃に発展する場合もあります。当然、自己肯定感は育ちません。

私は、基本的には生命に関することと犯罪や倫理観に反すること以外は、子どもに最終結論を預けることが望ましいと考えています。

教師が子どもを信頼すると、子どもも教師に信頼で返そうとします。子どもをやる気にさせる第一歩は、子どもを信頼することです。

子どもを教師の型にはめ込んでいないか？

“教師が子どもを信頼し任せることで、自己肯定感が高まる”

以心伝心のはらんだ危険

日本では「こんなことくらい言わなくてもわかって当然だ」という風潮があります。いわゆる「以心伝心」です。しかし、以心伝心で本当に子どもとよいコミュニケーションがとれるでしょうか?

もちろん、付き合いが長くなれば、誰でも相手の思考パターンは分かってきます。しかし、同じ慣習に基づいた判断を持っている場合、考えが伝わりやすいということはありますが、他人の気持ちを察すことができるというわけではありません。

自己肯定感を持ち、自立した子どもに育てたいと考え、「教師の背中を見て育てる」という方針で、子どもに委ねる指導も考えられますが、多くの場合、これもうまくいきません。

子どもに話しかけるとき、「分かりやすく」「理解しやすい」言葉を選ぶことです。より正確に伝えるためには、言葉の細かいところまで気を遣う必要があります。

めんどくさいな〜
言われなくっても分かるよね
どう思われてるんだろう？
親身になって
こうだからこうなるんだね！
そうかぁそんなに思ってくれるんだ！

以心伝心では感情は伝わらない

“分かりやすい言葉で伝える”

自己肯定感は後天的に作られる

「自己肯定感は後天的に作られる」と言われています。逆を言えば、自己肯定感が低い子どもでも、高めることが可能であるということです。

幼い時に親や周囲の人があまりにも過干渉だったりすると、子どもの自己肯定感は育ちません。例えば、注意や叱責、監視され続けていると、それは「今のあなたはダメだ」「任せられない」というメッセージになります。周囲の大人に気に入られようと「もっとがんばらないといけない」「今のままで努力が足らない」と感じます。そして、がんばっても認めてもらえないと燃え尽き症候群になってしまう場合さえあります。

また、放任的な接し方ばかりでも、自己肯定感は育ちません。周囲の大人に見放されたと感じ「どうでもいいや」と投げやりになります。

常に子どもに愛情をもって、意志や感情に気を配ることが自己肯定感を高める重要なポイントです。

〟自己肯定感は
後天的なもの
だから高める
ことができる〟

自己肯定感は
変えることが
できる

Coaching 1-6

自己肯定感の向上を潜在意識がストップさせている

自己肯定感の低い子どもの多くは、本当は変わりたいのだけれど、変わることができないというジレンマに陥っていることがあります。変わる子どもは変わるが、変わらない子どもはそのまま。およそ比率は二：八くらいでしょう。

変わらない理由は、パターン化した生活から抜け出せないからです。というのは、今の状況から変わろうとすると何らかの苦痛が伴います。いったんは今までの自分を否定することになります。居心地のよい「現在」から抜け出すには苦痛が伴うのです。

大人を例にすると、健康のために禁煙を始めた人が、「絶対禁煙するぞ！」と決意しても、夕方には忘れ、就寝前に一服しているという姿がよくあります。心理学的に述べると、変わりたいというのは顕在意識の上で、潜在意識は変わりたいと思っていないということです。ですから、潜在意識から改革しないと変わることができないのです。

ほとんどの子どもが変われない理由

〝潜在意識は変化に対して苦痛を避ける働きをする〟

できることから始めて積み重ねる

自己肯定感の高さは、思考（思っていること）が実現した回数に比例するようです。つまり、頭で思い描いている小さな成功の回数が、そのまま自己肯定感の高さにつながっていきます。

ですから、現実の延長線上に理想をおいて、それが達成するたびに理想のレベルを少しずつ引き上げていくことが大切です。

そのためにはどんなことでも、無理をしすぎない、肩肘を張らないのが一番です。自分のレベルにあった目標を確実に達成していきます。すると「できる」という感覚を身につけることができます。当然ですが「できる」という感覚には「できた」という過去の記憶が元になっています。

跳び箱にしても、自転車乗りにしても、縄跳びにしても、できなかったことができるようになった回数が重なれば自然に体が方法を体得し、「できる」という意識が高まります。

自己肯定感の
高さは
小さな成功の
積み重ね

〃「できた」という体験→次も「できる」という感覚〃

Coaching 1-8

啐啄同時、変わりたいと思わせること

自己肯定感が低い子どもは、どちらかと言えば物静かな子どもが多く、教師との関わりも薄くなりがちです。教師は熱い思いから「何とかこの子の自己肯定感を高めたい」と積極的にアプローチしますが、危険もはらんでいます。

「啐啄同時」という言葉があります。「禅」の教えで、「啐」は雛が内側からたまごの殻をつつくこと、「啄」は親鳥が外側から殻をつつくことを言います。ひなは自分のくちばしで、少しずつ時間をかけてたまごの殻をつつき生まれてきます。親鳥は子どものペースに合わせて、それを応援する意味で、外から殻をつつきます。親鳥が先につついて（殻を破ってしまっては）雛は生まれません。つまり、親鳥と雛のタイミングが合うと、雛がスムーズに生まれる（たまごから出てこられる）という意味なのです。

自己肯定感も同じです。まずは、子どもが、「今の状況を何とかしたい」「変わりたい」と思わせることが重要です。

変わりたいと
思うことが
出発点

〃子どもが
変わりたいと
思う瞬間を
逃さない〃

2章
自己肯定感と子どもの特徴

自己肯定感の高い子の共通点

私は、今までに多くの自己肯定感の高い子どもに接してきました。その子どもと触れ合った中で感じた共通点をいくつか取り上げます。

・困難に出会ったときに、克服した体験をもっている。
・自分が好き。
・目的目標を持ち、毎日の生活を充実させようとしている。
・責任感が強い。当事者意識が強い。
・何事もポジティブに考え、前向きな思考・解釈ができる。
・基本的生活習慣が確立している。
・ピンチは次へのステップと考えている。
・良質な知識や情報を吸収するように努めている。
・多くの人との出会いを求めている。
・他者への感謝を忘れない。
・生活に緩急があり、適時に心の栄養をとっている。
・自分がコントロールできることに集中し、できないことにはとらわれない。

自己肯定感の高い子どもの共通点

〃共通点を参考にして、自分の心の健康状態をチェックさせる〃

否定的な言葉と肯定的な言葉

身の周りには，肯定的な言葉と否定的な言葉があります。そして，両者を比べてみると、圧倒的に否定的な言葉が多いようです。新聞記事、テレビのニュース、ドラマどれをとっても否定的な言葉に溢れています。

否定的な言葉

「ダメだ」「無理」「最悪」「うざい」「ばかばかしい」……

肯定的な言葉

「幸せ」「感謝」「最高」「自信がある」「夢」「希望」……

そして，自己肯定感の低い子どもは，圧倒的に否定的な言葉ばかりを使っています。毎日「自分はダメだ」「自信がない」「やってられない」「無理だ」……と口にしている子どもが，どうしてモチベーションが高まるでしょうか？　それに比べて，自己肯定感の高い子どもは，いつも自分に自信をもち，他人に対する感謝の言葉を口にします。

否定的な言葉

ダメだ　無理　無駄　最悪　どうせできない
しんどい　ウザイ　きもい　許せない　嫌だ
面倒　バカバカしい　やってられない　死ぬ
やめとけ　おしまい　暴力

肯定的な言葉

ついてる　うれしい　幸せ　楽しい　成功
ありがとう　感謝　よかったね　できる
無限の可能性　夢は叶う　おいしい
やればできる　素敵　信じる　ワクワク

否定的な言葉を使わずに、肯定的な言葉を使う

"どんな時でも肯定的な言葉を声に出す"

他人との比較が自己肯定感を下げる

自己肯定感を下げる最大要因は「他人との比較」です。きょうだいとの比較、友だちとの比較などです。私ごとですが、「オール5でスポーツ万能の兄」といつも比較されていました（親はそのつもりがなかったのですが、私にはいつも重荷でした）。

教師も知らず知らずに、よく比較をします。たとえば、子どもに「お前○○君の弟か……」「お兄さんはよく頑張っていたから、君もきっと頑張り屋さんだよね」などとよく耳にします。教師は、会話の取っ掛かりをつくろうとか、子どもをほめようと兄の名を出したとしても、弟にとっては比較されたと感じかねないのです。

比較というのは「優劣をつける」ものです。「自分はこの点が足らない」と前向きにとられることができればよいですが、多くの場合逆です。「兄よりダメなんだ」「兄より才能はない」「兄より価値がない」と知らず知らずに深みにはまっていってしまう危険があります。

他人との比較をやめる

〝他人との比較をやめ、自分らしさを発見できる〟

休憩の目的と取り方も重要

自己肯定感の低い子どもは、自分の目標と現実の間に大きな違いを感じ、それがストレスになってしまう場合が多くあります。

単にストレスと言っても、五つの段階があります。

①**「満足期」**
②**「失望期」**
③**「幻滅期」**
④**「絶望期」**
⑤**「回復期」**です。

このことを意識して適切に休憩を取らせることで、自己肯定感の変動を安定させることもできます。

特に②の失望期にきたなあと感じたら、細かいことを押しつけることはせずに、二、三日の休憩を取り入れて、ゆっくりさせましょう。このときには、自分発見をさせ、楽しいことを見つけさせることです。他人と比較させないことです。するとと幻滅期や絶望期を飛び越え、自分から回復期に入ることができます。

ストレスの5段階を意識する

〝子どもの様子を見て、適切な休憩を取り入れさせる〟

Coaching 2-5

「勝てる自分は好き」でも「勝てない自分も好き」

「勝ち癖」というのは、他人との比較において、つねに「勝つ」ことを目標にしています。しかし、物事には勝つことも負けることもあります。ですから、勝てる自分は好き、勝てない自分は嫌いというようになります。そして、ずっとガンバリ続けることが求められます

しかし「価値癖」は違います。この「価値」は、昨日の自分との比較です。昨日の自分と今日の自分を比較してどれだけ成長したか？　という価値観です。他人との比較ではなく、自分自身との比較です。結果的に常に自分自身を見つめていかなければいけません。結果的には、負けている自分でも好きになれるのです。ですから、落ち込みにくくなります。

「昨日は、縄跳び三回しかできなかったけど、今日は十回できた」「昨日は八時までゲームをしちゃったけれど、今日は夕食後すぐ宿題ができた」そんな小さな価値でもいいのです。これが自己肯定感につながります。

「勝ち癖」より「価値癖」

〝「昨日」→「今日」→「明日」の自分へと価値を高める〟

通常の生活の中から存在意義を感じさせる

子どもは自分という存在の意義を認められたり、自分が他の人に対して必要な存在であるとか、人の役に立つことができると感じたりすることで、自己肯定感が高まっていきます。

ですから教師は、授業などの活動場面だけでなく、日常会話や活動の中でも子どもの存在意義を感じさせることが大切です。

子どもはそれぞれ性格も関心も違います。たとえば、学級の係活動などを決めるときにも、適材適所に心がけます。学級委員や議長などを上に立つことを好む子どももいますし、花に水をやったり、黙々と配布物を配布するなど、縁の下の力持ちが好きな子どももいます。

たとえば、家庭で夕食のお手伝いをした会話を聞いたときでも、中心になって調理をしたのか、材料を切っただけか、調味料の軽量をしたのか、役割がありす。その活動内容の違いから存在感を感じとらせたいものです。

世間話の中から存在意義や活動を見出す

〝適材適所、子どもの性格を把握して存在意義を感じさせる〟

3章

自己肯定感を高めると子どもはこう変わる

モチベーションを意識した対処を

自己肯定感を高めるには、モチベーションを高めることが大切です。モチベーションとは、その行動を起こすための動機づけです。「勉強する」という行動に対して、「おこづかいがもらえる」とか、「友だちから尊敬される」のような内容です。

幼い子どもは、賞罰を与えモチベーションをコントロールすることが効果的です。年齢を重ねるにつれ、精神的なアプローチの方が効果的な割合が高まってきます。モチベーションを下げている原因はいくつか考えられます。即時の対処を行います。

①賞賛、賞罰が不足している。
②様々なことを試みても成果が実感できていない。
③恥ずかしい思いが先に立ってしまう。
④やらされているという感じが強く、主体的に動けない。
⑤評価されていないと感じている。
⑥やってもできると思えない。

自己肯定感が高まらない原因を探る

〃モチベーションさえ高まれば自己肯定感も高まる〃

視覚、聴覚、体感覚を変えて自己肯定感を高める

自己肯定感の低い子どもには、休み明けはやる気が起きない。怖い教師の前ではおどおどしてしまう。高いところは怖くて行くことができない……など、悩みを抱えている場合があります。この時には、状態を変えることができれば、自己肯定感を高めることができます。この変えることができる状態は三つ（視覚、聴覚、体感覚）です。

子どもは、この感覚のうちにどれか得意分野を持っています。以前、最も楽しかった自分を思い出させ、その時の視覚、聴覚、体感覚を感じ取らせます。そのとき、子どもが発する言葉の端々から子どもの持っている優位な感覚がどれであるかが把握できます。

視覚が優れている子は、旅行などに行って、きれいな風景を見せたりします。聴覚が優れている子は、音楽を聴かせたり、楽器を弾かせたりします。体感覚が優れている子は、ハイキングに行ったり、スポーツをさせたりします。

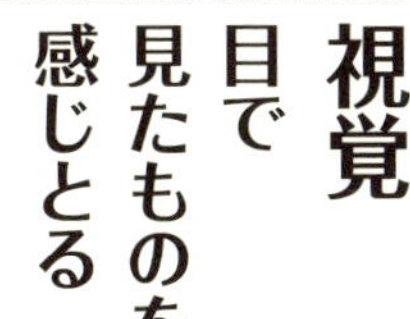

視覚
目で
見たものを
感じとる

聴覚
耳で
聴いたものを
感じとる

体感覚
触ったり、
体を動かしたり
して感じとる

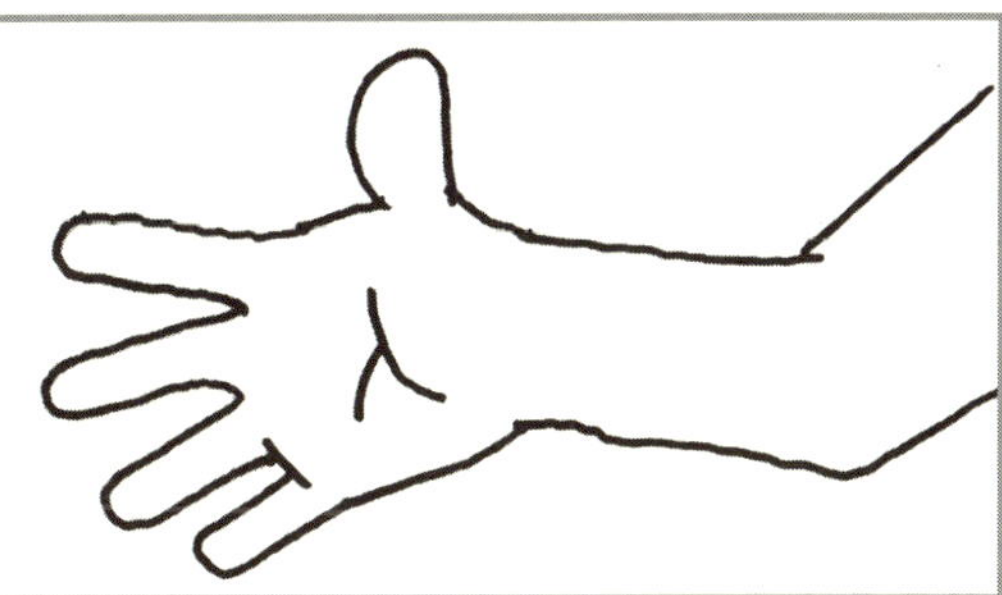

自己肯定感が
高まる状態に
変える

〝視覚、聴覚、
体感覚の
得意分野を
見つけ
再現させる〟

大切なことに優先順位をつける

自分の大切なものが見えてくると行動が変化します。そして自己肯定感も高まります。

私は子どもに「一番大切なものは何ですか?」とよく尋ねます。子どもからは、「そんなの分からない」「決められない」という回答が多く見受けられます。

しかし、答えられなくても問題はありません。自分の大切なことに意識が向くからです。

私の場合、①家族　②健康　③仕事です。仕事が三番目であっても、いい加減にしているわけではありません。

『7つの習慣』(キングベアー出版)のスティーブン・R・コヴィー氏は、「一番大切なことは、一番大切なことを、一番大切にする」と言っています。とてもシンプルな言葉ですが、実に奥が深い言葉です。一番大切に思うことを、しっかり確認して、それを一番大切にすること。そうすることで、本当にやりたいことも見えて、自己肯定感も高まります。

一番大切なことを一番大切にする

〃一番大切なことを考えるだけで、自己肯定感が高まる〃

「はい」「いいえ」以外の答え

教師が「今教えたこと分かったか？」というような質問をすれば、答えの選択肢は、基本的に「はい」か「いいえ」しかありません。これは、質問の形をした指示・命令と考えられます。しかし、「今教えたことに対してどう思う？」と質問すると、子どもは自分の意見をまとめ、自分の答えを見つけそうとします。そして、子どもが答えた内容に対して、さらに同じような質問を繰り返すことで、言葉のキャッチボールができます。そして、この繰り返しにより、教師は子どもがどの程度理解しているかを判断することができます。

質問をする目的は、子どもの言葉の裏側を読み取り、さらに深い本質的な気持ちを引き出すところにあります。教師が決めつけて勝手に結論を出すような言い方は逆効果です。何、どこ、だれ、いつ、なぜ、どんなふうに、を問う質問をして、どんな答えが子どもから返ってきても、それを受容する余裕が求められます。

開かれた答えを引き出す質問をする

“「はい」「いいえ」以外の回答をさせ、自己肯定感を高める”

開かれた答えは人間関係を育む

自己肯定感の低い子どもには、困った時に手を差し伸べられる環境が必要です。私の知っている中学校教師は、毎日何回となく教室を回りながら子どもに話しかけます。この学級はそのお陰で明るくて、子どもが生き生きとしていました。

この教師の口ぐせは「子どもが助けを求めやすい関係をつくることがまず大切」「そのためには、子どもが話しかけてくるのを待つのでは遅い」と言っていました。教師自らが積極的に語りかけることで、子どもから信頼される教師になれると力説していました。

日ごろから「～を頑張ってるね」「～ができたね」などと子どもを直接ほめたり、勇気付けたりする声かけをします。また「ありがとう」「助かるよ」などと、活動のあとには感謝やねぎらいの声かけをします。

子どもがいざ困っているときのためにも、話せる環境を常日ごろからつくっておくことが重要です。

助けを求めやすい環境づくり

〝助けを求めやすい環境が自己肯定感を高める〟

すべてが自己責任と考えさせる

自己肯定感の高い子どもは、自分の言動に責任をもち、言い訳をせず、自分の役割を強い責任感で果たそうとします。だからこそ、周りの人間からも自立して見えるし、実際に一人の人間として自分の力で生きていけるのです。

自己肯定感を高めるには、「すべては自己責任」と考えさせて、自分で決めたことを日々完徹させることです。

たとえば「毎日、漢字練習を一ページ書く」と決めたのならば、きちんとやり遂げさせることです。自己肯定感の低い子どもは、依存や甘えの心が強いものです。依存や甘えは「無責任さ」と親戚関係にあります。その根底にあるものが、不満や依存です。さまざまな物事を他人のせいにし、自己を正当化します。

しかし、自分の足で立ち、自分の責任を自分の力でまっとうしていく、その姿勢がないと、成長は望めません。

テストの点数が悪い

やるべき事は？

今日から
漢字の練習
1ページ
やるぞ！

すべては
自己責任と
考えさせる

〃どんなことも
最終的には
自己責任
しかない〃

ピンチがあるから、気づきがある

自己肯定感が低い子どもは、失敗を恐れがちです。誰でも失敗はあるのですが、その時には「人生が終わってしまった」かのように、落ち込んでしまいます。その結果、自己肯定感の高まりにくい体質になってしまいます。しかし、失敗は「自分に気づきを与えてくれるブザー」であり、「失敗は飛躍のチャンス」です。

このような高校生がいました。彼は、かなり上手なサッカー選手でした。将来はプロも期待されていました。しかしながら、試合中の接触事故で、再起できない体になってしまいました。彼はどん底に落とされました。

半年ほど何もする気のない日々が続いたのですが、どうしてもあきらめきれずサッカーを再開しました。しかし、もう選手としてのプレーは無理でした。そこで考えました……。彼は現在国際審判員の資格を取り、世界中のサッカー大会のホイッスルを吹いています。ピンチは飛躍のチャンスなのです。

ピンチこそ
変化の
チャンス

“ピンチを
生かせれば
自己肯定感が
高まり、飛躍の
チャンスになる”

4章

自己肯定感を高めるコーチングアプローチ

理解したことをお互い話したり、考えたりする

子どもの自己肯定感を高めるためには、何はさておき教師と子どものよいコミュニケーションが必要です。教師が子どもに対して命令を下したりすること、子どもが教師に対して反抗的な態度をとれないことをよいことに怒り飛ばしたりすることでは、よいコミュニケーションは生まれません。

子どもに勉強させるときや部活動での練習をさせるときでも、単に宿題を与えたり、練習メニューを示すだけではよいコミュニケーションが生まれません。部活動などで練習内容に指導者が満足せず、叱ったときに、選手が「はい、わかりました」と即答する場面を見ますが、子どもは本当に心からそのように感じているのでしょうか？「何がいけなかったのか」「何が足らなかったのか」といったことを、教師と子どもがともに話したり、考えたりして、一緒に模索する中で、自己肯定感が高まります。

どうしたの？

あと何が足らなかったのかな？

何が、いけなかったのかな？

ターンの後の伸びが不足してるんだ

後半のスタミナ不足

〃よいコミュニケーションの中で自己肯定感が高まる〃

タイプに合わせて動機付けを与えてみる

外発的動機付けとは、賞罰によってやる気を出すことをいい、内発的動機付けとは、自己の内面の成長を楽しむことでやる気を出すことをいいます。

どちらの動機付けも大切ですが、自己肯定感が高くない子どもは、どちらかというと内発的動機付けより外発的動機付けに左右され（外発型）、自己肯定感が高い子どもは、その逆で、外発的動機付け内発的動機付を優先します（内発型）。

勉強でも内発型の子どもには自由に課題を与え、外発型の子どもには宿題として強制的に与える方が、実力を伸ばすことができる傾向があります。

大切なことは、子どもの状態に応じて外発型の子どもに内発的動機付けを、内発型の子どもに外発的動機付けをもたせるような機会を与えることです。

前者には、その毎日の生活や勉強や運動など取り組む内容自体の楽しみを気づかせることが大切で、後者には、競争意識を刺激することもいいでしょう。

内発的動機付けと外発的動機付けを意識する

〝子どものタイプと状態をみきわめてかかわる〟

Ｙｏｕメッセージ、Ｉメッセージ

子どもの自己肯定感を高めるには、日頃からの声かけが大切です。そこで気持ちを伝える二つの声かけを紹介します。

【Ｉメッセージ】主語が「私」という声かけ

廊下を走る子どもに対して、「廊下を走ると先生は（私は）危ないと思います」と声かけします。子どもに「一般的な評価」で表すのではなく、「私は、〇〇だと思う」と伝えることで「私は、こう思うけれども、あなたは、どう思いますか？」という隠れた意味合いも残っています。「あなたのすることは、最終的にあなたで決める」という声かけです。

【Ｙｏｕメッセージ】主語が「あなた」という声かけ

廊下を走る子どもに対して、「廊下を走っちゃダメ！」とか「廊下は歩きましょう！」と内容を直接指示する伝え方です。この伝え方は、子どもに方向性を与えることができます。また、優先順位を決めるサポートにもなります。

気持ちを伝える声かけ

“Youメッセージ、Iメッセージを使い分ける”

自分のオーラに敏感になる

教師にもいろいろなタイプがあります。職員室ではいつも笑顔なのに、教室ではいつもイライラしている教師もいます。子どもにとっても、「この先生だったら辛いことがあったら相談してみたくなるかな？」と思える教師も、実際には、「忙しい、忙しい」とピリピリしている場合もあります。

そこで、少し考えてみてください。忙しいオーラを放っている教師に、つらい気持ちを抱えている子どもが援助を求めてくれるでしょうか？

教師の仕事は際限がありません。次から次へと仕事が湧いてくるので、つい忙しいオーラを発してしまいます。家庭で嫌なことがあったり、少し渋滞に巻き込まれただけでも忙しいオーラを発することがあります。

まず教師自身の心が安定していることが必要です。教師自身が心の余裕があり、ホッとオーラに満たされていれば、子どもの心をすっと受け入れることができます。

自分がどんなオーラを放っているか考えよう

〝忙しいオーラは子どもを寄せ付けず、ホッとオーラは安心感が湧く〟

子どもは教師の期待する結果を生み出す傾向がある

教師は子どもに対して何らかの期待をします。子どもは、この何気ない期待に答えようとします。期待には「プラスの期待」と「マイナスの期待」があります。

プラスの期待には「この子どもは必ずできる」というようなポジティブなもので、マイナスの期待は「元々がダメだからきっとダメだろう」「親がこうだから、結局は無理」のようなネガティブなものです。教師が発するこの期待は、プラスでもマイナスでも敏感に子どもに伝わります。自己肯定感を高めるためには、プラスの期待をかけることは当然です。

しかし、あまり過度な期待は、本人にとってストレスになり、逆効果になることもあります。とくに自己肯定感の低い子どもには無理な期待はせず、たとえば、テストで五十点しかとれなかった子どもにいきなり九十点を期待するのではなく、まずは六十点をめざそうとプラス五～十％程度のほどよい期待をかけることが、結果的に良い成果につながります。

ほどよい期待をかける

〝プラス五〜十％程度の期待をかける〟

信頼した言葉がけを続けること

熱い教師は、自己肯定感の低い子どもに対して、何とかしてあげたいという愛情をもって接します。そのため、問題のありそうな子どもに、何とかしてこの子を変えていこうと思います。その結果、「〜するな！」「〜はいけない！」「どうしてわからないんだ！」「もっとしっかりしろ！」と、否定的な指示が多くなり、子どもを押しつぶしてしまいがちです。

そして、それがくり返されると、子どもは、「どうせ僕は先生からだめな人間だと思われている」と感じ、自己肯定感を下げ、落ち着きのない子どもになってしまいます。

逆に、子どもは「他人から信頼された言葉をかけられると、それに応えようと思って前向きな方向に変わっていく」傾向があります。例えば、「授業中のおしゃべりはやめよう」と注意してもなかなか私語がなくならない場合、「考えに集中し、意見を言おう」とした方が集中力が高まることもよくあります。

子どもを信頼し続ける

〝信頼した言葉がけを続けると、子どもは次第に変化を見せる〟

感想を聞いてからほめる

　このように、実際にほめられたところと、ほめてほしいところがズレることがあります。

　そこでまず、感想を聞くことです。教師は「お楽しみ会ありがとう。大変だったね。どうだった？」すると子どもが「司会の原稿づくりに苦労しました」それに対して教師は、「良い司会だったよ。おかげでうまくいった。ありがとう」と返せば、ズレも埋まります。

　学級でお楽しみ会を開いたとします。その子は、実行委員として企画・運営に携わりました。教師は終了後に、笑顔でほめました。「しっかり準備してくれて、うまくいきましたね。ありがとう」と。でもその子は嬉しくはありませんでした。それは「良い司会だったね」とほめてほしかったからです。準備もがんばったのですが、それ以上に司会の準備をして、当日はもちろんのこと、原稿づくりも時間をかけたのです。

ほめられたいところを探す

〃感想を聞けば、ほめるポイントが分かる〃

自己肯定感の低い子どもは言葉よりイメージ化

部活動などで、自己肯定感の低い子どもに「次は県大会で優勝するぞ！」といきなり最終目標をぶつけても、子どもは何の実感ももてずに、やる気も高まりません。大切なことは、最終目標に至るまでの段階的な目標（短期・中期・長期）を設定することが大切です。

しかし、目指したいのはあくまでも最終目標です。経験したことがない最終目標を子どもに実感させるには、この成果を単なる言葉で理解させるのではなく、イメージに訴えかけるようにすることがよいでしょう

たとえば、練習終了後に、優勝したときのために表彰式の行進をさせたり、一列に並んで校歌を聞いたり、表彰状を受け取るリハーサルをさせることです。最初は照れくさかったり、恥ずかしく感じるでしょう。しかし、くり返していくうちに不思議とその気になり、これが最終目標へのモチベーションを高めることにつながります。

最終目標をイメージとしてもたせる

〝最終目標につながる行動をとらせる〟

発達段階に応じて欲求が変わってくる

学校現場で、子どもたちが持っている基本的な欲求は、以下の八つがあります。

①活動の欲求（やりたい）
②所有の欲求（ほしい）
③権利を求める欲求（こうあるべきだ）
④所属の欲求（いっしょにいたい）
⑤能力発揮の欲求（できるようになりたい）
⑥達成の欲求（できた）
⑦意味を求める欲求（なぜ）
⑧承認を求める欲求（わかってほしい）

これら八つの欲求を年齢別に見ていくと、小学生は「活動の欲求」と「所有の欲求」が大きく、中学生は、すべての欲求が平均的にあります。さらに高校生くらいになると「能力発揮の欲求」と「達成の欲求」が大きくなります。そして、この欲求を満たしてあげれば自己肯定感も高まります。逆に欠ければ自己肯定感も低くなってきます。ですから、子どもの年齢の違いによって、指導法を工夫する必要があります。

年齢を意識して指導する

〃年齢や発達段階に合った、欲求を満たす〃

味方は可能性を引き出し、行動をサポートする

味方とは、『大辞泉』（小学館）では「対立するものの中で、自分が属しているほう。また、自分を支持・応援してくれる人」のことを意味してます。

とはいうものの、味方というのは、何でも「はい」と認めてあげる、いわゆる「イエスマン」ではありません。イエスマンは子どもにとって心地よいかもしれませんが、結果を保証してくれる人ではないからです。味方とは、子どもの可能性を気づきとして引き出してくれる人であり、その行動を一緒にサポートしてくれる人です。子どもは次のような人を味方と感じます。

たとえば「温かな人」「否定をしない人」「話を聴いてくれる人」「自分に興味関心をもってくれる人」「自分を受け入れてくれる人」「裏と表がない人」「バイタリティのある人」「尊敬できる人」「行動が伴う人」「人間力のある人」……などです。このような人が周囲にいると、子どもたちは自己肯定感が高まり、力づけられます。

子どもの味方になる

“可能性を気づかせてくれる人が味方”

小さな失敗にきちんと気づかせる

失敗には小さな単純な失敗と大きな重要な失敗があります。どちらかというと大きな失敗は強く指導し、小さな失敗は大目に見る傾向がありますが、これは問題があります。

小さな失敗で、子どもがほとんど気づいていない場合は、大人が気づかせるしかありません。それを怠ると気づかないままに時間が過ぎてしまいます。逆に大きな失敗は、子どもは気づいていることが多いものです。ですから周囲の大人が追い打ちをかけるように指摘すると、本人がやる気を失ったり、反発することがあります。

ですから、小さな失敗は即時指導を行い、大きな失敗は時間をかけゆっくりと丁寧に諭すことが自己肯定感につながります。失敗の内容によっては、本人が一番よくわかっています。一緒に寄り添う温かさと適度な時間やフィードバックの機会を与えれば自分で解決でき、自己肯定感が高まります。

大きな失敗と
小さな失敗の
指導を考える

〃大きな失敗は
時間が
経ってから
諭す〃

Coaching

4-12

子どもの目線をもっていれば、信じて待って許すことができる

教師は大人ですので、当然子どもより何でもできますし、この書籍を読んでいるような方は自己肯定感が高い人がほとんどです。そして、自分の子ども時代のことは棚に上げて、子どもと接しがちです。会話の中で「だからダメなんだ」「夢や希望はあるのか?」と教師の理想像を一方的に押しつけ、できなければだめ出しをする場合も多いものです。

そこで、自分の子ども時代に立ち返ってみてください。それは「子どもの目線に立つ」ということです。人はよほどしっかり自分を自覚していなければ誰でも現状に流されてしまいます。教師と子どもの両方の目線をもっていなければ、大きな溝ができてしまいます。

子どもの目線をもっていれば、子どもを信じて、待って、許してあげる姿勢も生まれます。そして、子どもの自己肯定感も高まります

三振してしまった
ダメだ～
もう少しがまんしてみるか～
僕も昔は三振ばっかりだったな～
子どもの目線に立つ
〃信じて待って、許すことで溝がうまる〃

教師は教えすぎてはいけない

子どもの自己肯定感がなかなか高まらない理由に、教師がなんでもかんでもすぐに教えようとすることがあります。細かいところまで指示を出し、子どもを動かそうとするのです。その結果、自分で考えない自主性のない子どもになってしまいます。

子どもからみると、つい指示待ちになってしまい、独創性や想像力を発揮する場がありません。まして、指示され、教えられたことを、そのとおりにやったところで、何の喜びも感じられません。

自己肯定感を高めるためには、自分で考え、自分で決め、自分で行動を起こし、周囲から評価されることが必要です。

教師は、教えすぎていないかをチェックして、うまくいっている子どもにはプラス評価し、たとえば、テストの点数が悪く、理由がわからない子どもには「キーワードは何だった？」「教科書は読んでみたかな？」などのフィードバックの質問をします。

子どもに教えすぎてはいけない

〝教えることより、評価・フィードバックを考える〟

「強み」とは何か？

コーチングで使う「強み」とは、普段の生活で比較的繰り返し現れる思考や行動パターンから、良い、正しい、優れている、と感じられる事柄をさします。ゴール達成に向けた自分自身の武器（自分にはこれがある）になります。また、「他人と比較して……」とか点数で表すものではありません。

たとえば、次のようなものです。

・負けず嫌いで、計画的に物事を処理する

・人前に立つと、急にきりっとした顔立ちになり、話ができる

・特に意識しなくても誰とでも友だちになれる

・ピンチになると自然と誰かが助けてくれる

・あまり勉強しなくても、テストで山が当たる

子どもの強みを発見する方法には、次のページの三つの方法があります

子どもの強みを引き出す

〝強みを見出せば、自己肯定感が増す〟

大切にしている物は何ですか？

私は「あなたが本当にやりたいことは、いったい何ですか？」などとよく質問をします。しかし、子どもはなかなか答えられません。本当にやりたいことというのは、目には見えないので、イメージしづらいからです。そこで、質問を少し変えてみます。「あなたの一番大切にしている物は何ですか？」です。物ですから実在があります。それならかなり答えやすくなります。

教師「君が一番大切にしている物は何ですか？」

子ども「う〜ん。自転車かな。休みになると父さんとサイクリングに行きます」

教師「そうか、自転車が好きなんだ」

子ども「自転車は自転車でも、ＢＭＸて知っている？　タイヤが太い自転車です。ジャンプもできるんだよ」

教師「へえ、自転車でジャンプするんだね。カッコいい！」

その子どもは、大人になってＢＭＸの選手になりました。

大切なことって何？
分からないよ！
じゃあ大切なものは？
それなら、自転車かな～
成長したらBMXの選手

“大切にしている物が、大切にしていることになる”

目に見える物に置き換えて聞く

視野は立場を変えると見える

一般的に自己肯定感の高い子どもは視野が広く、低い子どもは視野が狭いと考えられます。ですから、視野を広げることはとても重要なことです。では、この視野とはいったいなんでしょうか？

それは「どういう立場（人）になって、物事をとらえることができるか」と言い換えることができます。子どもが、問題に出くわしたときに、この「立場を変えて考える」「いろいろな焦点で考える」習慣をつけさせることがとても大切です。

立場には、子ども、父親、母親、祖父、祖母、きょうだい、親戚、教師、男、女、先輩、後輩、嫌な自分、最高の自分、十年後の自分、生まれたころの自分、病気になったときの自分、大人になったときの自分、終焉を迎えるころの自分……などが考えられます。そして、現在の自分の立場をいったん横に置いて、全てその立場になりきってみることです。また、その立場の情報をできる限り集め、五感を通して感じ取らせるようにしましょう。

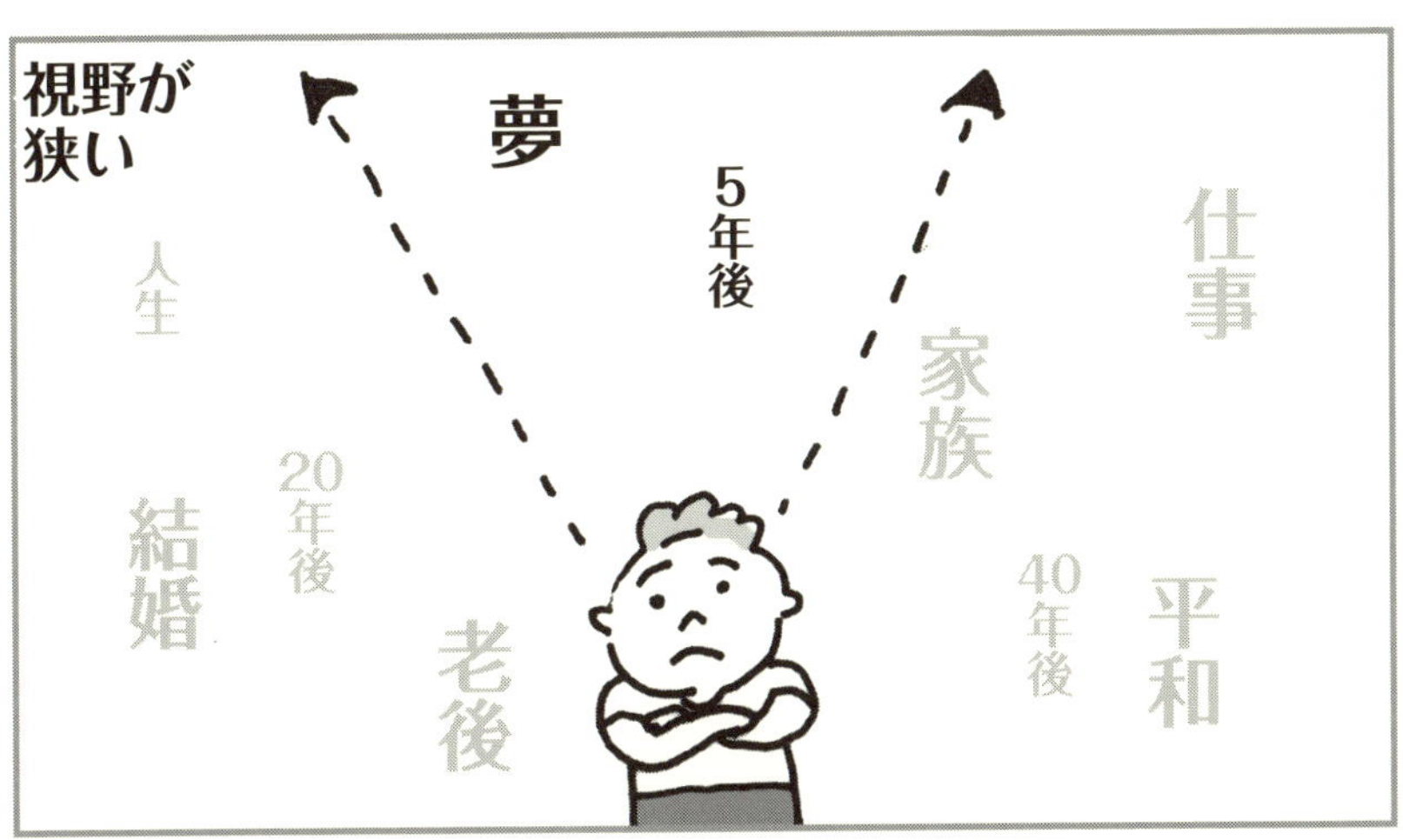

"いろんな立場になってみる"

視野を広げる

どんな子どもでも短所と長所をもっている

当たり前のことですが、子どもは誰でも、長所と短所があります。そして、自己肯定感の低い子どもには、圧倒的に短所ばかりに目が行きます。

しかし、一見短所に見える中にも長所が隠れています。自分らしさ、持ち味、強み、となっているものがたくさんあります。短所であっても、そこから長所を発見することで、自己肯定感の回復につながります。

短所の中に長所を見出すには、まずはいろいろな姿の自分をイメージし、その存在に気づくことから始めます。そして、自分の中には、一種類の人ではなく、多様な自分がいることに気づくことです。

学校生活のような密接な社会では、誰もが家族になったような感覚が生まれます。しかし、個人はそれぞれ独立し多様な考えをもっています。だからこそ、お互いを受け入れ、自分も集団として生きていくには、多様な考えを認め合うことが大切です。

どちらに目をむけるか？
長所
短所
長所に気がつくには嬉しかったこと
ほめられるともっと、頑張れる
楽しかったことに目をむける
お掃除ほめられちゃった！
多様な姿を認める
“短所から長所を発見する”

「してほしいこと」「してほしくないこと」を自己主張させる

「境界線」とは、周囲が自分に対して、「してほしいこと」「してほしくないこと」の境目を指します。子どもには、自分を守り、自分が快適に生活するためには不可欠のものです。たとえば、友だちとの会話の中で、「あだ名で呼んでもよいが、『バカ』と言ってほしくない」のようなことがあります。これが境界線です。

この境界線は、ときと場所、相手や状況によって変化します。そして、適切な境界線を理解し、保つためには、「自分はこうしてほしい」「こうしてほしくない」と自己主張させることが必要です。以心伝心では伝わりません。境界線を意識しないで生活し続けると、執拗に我慢することを強いられます。知らず知らずのうちにストレスがたまって、自己肯定感も下がります。自己主張にも注意点があります。それはあくまでも自分に対してです。他人に対して「あれをしなさい」「これをしてはいけない」というのは、人間関係を悪くします。

境界線を保つこと

〝子どもの境界線を自己主張させる〟

完璧主義的思考を見直す

自己肯定感の低い子どもの中には、完璧主義的思考の子どもが少なからずいます。それは、自分の中で「こうあるべきだ」「こうでならなくてはならない」と凝り固まって、逆に自分を苦しめている場合です。それらの子どもの特徴は「例外を許さない」ということです。このような子どもは、自分に過度にプレッシャーをかけるため、精神的に落ち込みやすい傾向があります。

学校生活では、計画通り完全に物事が進むことは稀です。ですから、ときには「効果的な妥協」をすることが必要です。

完璧主義的思考というのは、自分に厳しく、他人から高い評価を受けますが、完璧が崩れたときは、自分は甘えていると考え、不安に陥ります。

自己肯定感を高めるには、強さよりもむしろ柔軟性が大切です。しなやかで柔軟な心を持ち、自分自身を許すことも必要です。

ときには効果的な妥協をする

〃完璧主義的思考の子どもには、自分を許すことも必要〃

大切なものから一つずつ教える

最近では人の記憶のメカニズムがかなり解明されています。記憶には、脳内に、大きな電気の波が起こり、感情を伴うほど大きな波が生じます。そして、この波が、海馬の外の長期記憶の脳の領域に到達したとき、長期記憶の脳に記憶されると言われています。つまり、一度にたくさんのことを教えても、子どもは情報の整理が十分に行えないので、あまり重要でないものを記憶してしまったり、何も記憶できないということになりがちです。

自己肯定感の低い子どもには、丁寧さが必要です。教師が一度に多くのことを教えても、情報の整理が十分に行えない危険性があります。たとえば、十個のことを教えたい場合、一度に十個教えるのではなく、重要なことから一つずつ教えていきます。そして、その一個のポイントだけに注意を向けさせ、集中して考えさせることでイメージ化させ、長期間保持できる記憶にしていきます。

一度にたくさん教え過ぎない

〃自己肯定感の低い子どもには丁寧さが必要〃

教師自身の高い自己肯定感が子どもにも伝わる

スポーツではミラーイメージと呼ばれるものがあります。選手が対戦相手の選手に向けた感情や思考が、そのまま自分に跳ね返ってきて、自らの思考やプレーに影響するという心理パターンをいいます。対戦相手に対して「ミスしろ。負けろ」と考えると、そのマイナス心理エネルギーに自分も影響を受け、無意識にその通りの思考やプレーをしてしまいます。逆に対戦相手を応援したり、励ましたりする行為は、そのまま自分をもプラスの方向へと導いていくのです。

自己肯定感も同じです、教師自身が高い自己肯定感やプラスイメージをもっていれば、それが子どもに左右します。教師の自己肯定感を活用することで、子どもは安心して行動ができるでしょう。

たとえば、読書指導をする場合、子どもに「もっと本を読みなさい」と伝えるだけでなく、「先生も最近○○という本を読んでね。感想は〜だよ」などと教師の意欲も伝えることです。

ミラーイメージの法則を活用する

〝教師自身も高い自己肯定感をもつ〟

子どもは叱られることを待っている場合もある

自己肯定感の低い子どもの対応は、認めること、ほめることが基本です。しかしながら、時間が経つにつれ、お互いにマンネリ化して、変化が滞ることもあります。

子どもにとっては、ここぞというときには叱ってほしい場合もあるのです。

例えば、バレーボール部に所属して、試合をこなしていっても負けを重ねることがあります。いわゆるスランプです。そんなときに、「自分に能力がないから、努力しても勝てない」と自信喪失したり、「自分たちには運がない」と思い込むことで、モチベーションが一気に低下します。

そんなときには、「心を込めて叱ること」です。子どもに教師が真剣に叱るときは「努力不足であることが多い」と本能的に知っています。能力不足ではなく、努力不足が原因なのだという気持ちに変化していきます。もちろんこの場合にも、人格を否定するような叱り方は厳禁です。

ここぞというときには叱る

〃心を込めて叱ることが有効な場合がある〃

教師のやる気のなさをわざと見せる

あくまでも子どもによって違いますが、やる気は意識の駆け引きによって左右されることもあります。

教師がやる気を見せつけ、ぐいぐいと引っ張り始めると、反比例して子どもはやる気をどんどん失ってくるような場合があります。特に、自己肯定感の高くない子どもには、教師のギラギラした熱血漢を見るとかえって引いてしまいますことが多くあります。反対に、教師がやる気のない素振りを見せることで、子どもは自然とやる気を出してくることもあります。

もちろん、教師のやる気のない素振りは、あくまでもパフォーマンスです。心理的には、いかなる時もプラス感情ではないといけません。

自己肯定感の低い子どもにもいろいろなタイプがいます。大人に見放されたと感じることで、意欲が増す場合もあります、試してみて、うまくいかなかったら、教師側の姿勢を戻してみればいいだけのことです。

やる気の逆転を応用する

〝わざと
やる気のない
姿を見せて、
自己肯定感を
刺激する〟

5章

自己肯定感を高めるセルフコーチング

自分自身を好きになることが、自己肯定感を高める近道

過去の私もそうだったのですが、苦しくて辛いときを振り返ってみると、他人と比べて、自己嫌悪に陥っていることがよくあります。

苦しみに悩まされているときに、自分と他人とを比べても、悩みが去っていくことは稀でしょう。何故なら、自分と他人とは全く違う人間であるにも関わらず、自分と他人との違いに焦点を当てているからです。そして、この違いが自分の欠点や短所としてとらえてしまいがちなのです。

自分を好きになるためには、好きなことを極めさせることです。自分が心の底からやりたいことがあれば、外からの評価は気にならなくなります。「やりたいからやる」という自分だけの軸で生きられるからです。一つのことをやり抜いたという経験によって「自信」が生まれます。自信は自分を好きになるエネルギーになるからです。

他人との比較をやめ自分を好きになる

〃好きなことを極めると他人の評価が気にならなくなる〃

思い込みを変えれば、自己肯定感は必ず向上する

自己肯定感の高い子どもは「自分は生きる価値がある」「誰かに必要とされている」と自らの価値や存在意義を肯定できる子どもです。自分の良いところも悪いところも含めて自分のすべてを肯定できる、解釈や思い込み、前向きな子どもです。

また、重要なことは、自己肯定感の有無を決めているのは、他の誰でもない、自分自身ということです。自分は「価値がある」と思えば価値があり、「ない」と思えば価値がなくなります。

例えば、ここに水を入れたコップがあります。子どもに「何ですか？」と質問をすると、「コップ」と答えます。そして、「何をするもの？」と尋ねると、「水を飲むもの」と答えます。さらにコップにペンを立ててもう一度質問します。「これはコップですか？」子どもは「ペン立て」と答えます。

これと同じです。「自分」という人間をどのように捉えるかで、自分の価値や役割は違ってきます。

思い込みをやめる

〝思い込みが
自己肯定感を
決定している〟

Coaching 5-3

楽しいこととは何ですか？

自己肯定感を高めるには、自分が望むこと、したいこと、シンプルにやっていて楽しいことの、回数をとにかく増やすことです。好きなこと、やっていて楽しいと感じる事であれば何でも構いません。特に日常で気軽にやれることが多ければ多いほど良いでしょう。

例えば、好きな本・漫画を読む、好きな映画や動画を見る、好きな音楽を聴く、好きなゲームをする……などでＯＫです。

好きなことをすることで、脳の中からノルアドレナリンが分泌されます。このノルアドレナリンはストレスに反応して、心身の覚醒や興奮と、集中力や判断力、身体能力を向上させます。気持ちを高揚させ、快感を感じます。

また、自己肯定感が低い子どもは、ときに自分に対して厳しすぎたり、自分のことよりも他人のことを重視して動く傾向が強いものです。他人を思いやるように、自分自身のことも思いやることが大切です。

"楽しいことを繰り返すと快楽を感じ、自己肯定感が高まる"

楽しいことを何度もやってみる

肯定的な自己宣言をする

自分の口癖が習慣をつくり、習慣が行動を生み、行動が人生をつくります。自己肯定感の低い子どものほとんどは否定的な口癖をしています。

アファメーションとは、肯定的な自己宣言のことです。「私ならできる」「ツイてる」「今日も元気だ」「うれしい」などの自分を喜ばせるような言葉を、意識的に、心の中でつぶやくようにさせることです。肯定的な言葉を自分に語りかけることで、人生の行動に好ましい変化を起こし自己肯定感が高まります。

アファメーションは、いつ、どこで行わせても構いませんが、効果の出やすいタイミングはあります。それは就寝前か、起床直後です。また入浴中の時間でも良いでしょう。そのようなとき、脳がまだリラックスしていて、意識が潜在意識に情報が伝わりやすいからです。

自分を喜ばせるような言葉をつぶやく

〝肯定的な自己宣言が自己肯定感を変化させる〟

短所を長所に読み替える

リフレーミングというのは目の前に感じた現象において、その枠組みや意味づけを変えることで、意識を変えるというものです。

子どもがある出来事や自分の短所を不快だと感じるのは、実際には、それが引き起こす反応を不快がっているのです。たとえば「雨が降る」という出来事でも、嫌な日もあれば、うれしい日もあるでしょう。出来事自体が問題ではなく、それをどう受け止めたかという感覚が重要なのです。とらえ方によって感じ方を変えることができます。「自分は怒りっぽい」と感じていたとします。「自分は情熱的である。エネルギーが余っている」というように自分をとらえ直すこともできます。これがリフレーミングです。

たとえば、次のようです。

根暗　↓　自分の心の中を重視している。

わがまま　↓　表裏がなく、自分に正直。

おせっかい　↓　他人のことを常に考えて行動できる。

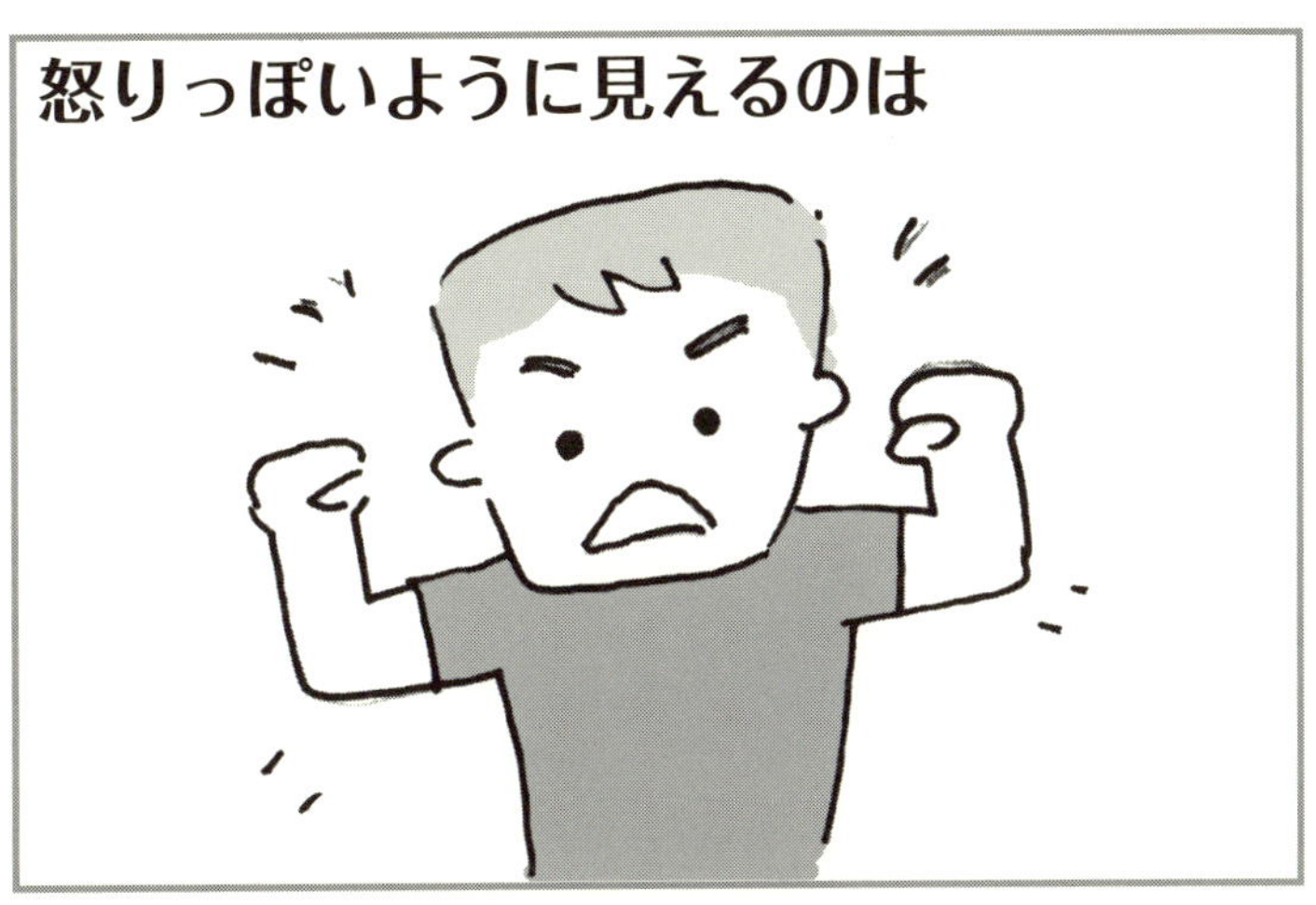

怒りっぽいように見えるのは

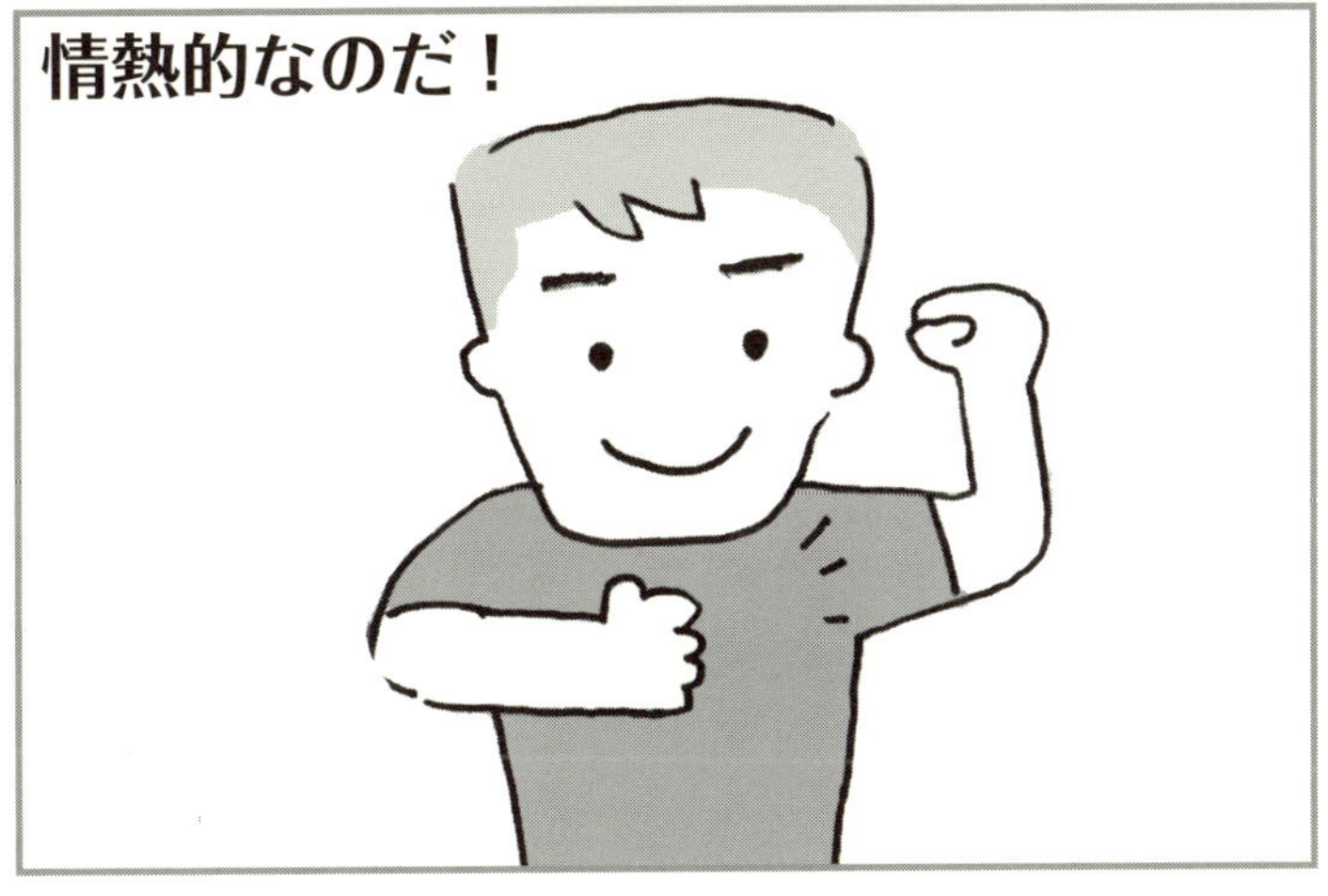

情熱的なのだ！

〟短所は見方を変えると長所になる〟

不快は心が決めている

自分を肯定的に記録して一日を締めくくる

毎日、寝る前に些細なことでもいいので、自分をほめる内容を見つけさせ、日記に書かせましょう。例えば、次のように書かせます。

「今日は雨が降った。風情のある一日に気づいた。自分って最高！」

「学校に遅れずに行けた。僕ってまじめで偉いなあ！」

「今日は十回もあいさつできた。私はすごいなあ！」

「宿題を忘れなかった。私ってなかなかやるじゃん！」

ここで大切なことは、文の最後に必ず「私は○○○！」とほめ言葉や肯定的な内容を書き込ませることです。日記にして残すことの意義は、後から振り返ることができることです。今日書き込むときに、前日までのことが残っています。最初から読んで、パワフルな自分を取り戻したり、過去の悩みがちっぽけなことに思えるときもあります。

自分ほめ日記を書く

〝日記は自己肯定感を高める最強ツール〟

練習と考えてもよい

「本当はやらなくてはいけない」「不安は思い込みであると言うこともわかっている」でも一歩が踏み出せない。

そんなときは「これは本番じゃない。仮の一歩なんだ」と自分に言い聞かせて、行動させてみることです。

子どもは「本番」なら、緊張することも「練習」ならリラックスして取り組めることが多いものです。

というのは、本番と考えてしまうと、頭が固くなり「一発勝負」「失敗してはいけない」とプレッシャーがかかってしまいます。しかし、練習と考えると気負いがなくなり、いつも通りの実力が発揮できる可能性が高くなります。

さらに「練習」＋「振り返り」が大切です。この振り返りがないと、練習がいつまでたっても練習で終わってしまうかもしれません。「どこがよかったのか？」「改善点はどこなのか？」これをしっかりすることで、不安もなくなり、行動が起こしやすくなるのです。

1分間スピーチ
ドキドキ
どこが良くって、どこを直したらもっと良くなるかな？
よし、練習なんだ
うまく、話せたみたいだ
「練習」と考えさせ、行動を起こし、さらに振り返りを取り入れる
仮の一歩と考えて行動させる

グルグル思考からの離脱

子どもたちは過去の嫌な記憶をいつまでも引きずることがあります。過去に失敗したことや怒られたことなど、思い出したくもないのに自動的に頭にグルグルと浮かんできて、とても嫌な気持ちになります。いわゆる「グルグル思考」です。

このような記憶に悩まされていると、記憶を自分でコントロールできないため嫌な気分のまま日常を送ってしまい、自己肯定感は高まりません。

そこで、嫌なことを忘れる方法を紹介します。一つ目は「癖を変える」です。自己肯定感の低い子どもは、どちらかというと傷つきやすい性格だったりします。常に新しく消したい記憶が増え続けます。これらは「思考の癖」です。自分の思考パターンや思考の癖に気づいたら、その癖を止めましょう。そのためには、まずは自己受容することです。嫌なイメージを思い出したときは「ま、いっか！」「ドンマイ」と口にしてしまうことです。

嫌なことを忘れる方法その1

〝「ま、いっか！」「ドンマイ」と口にしてしまう〟

嫌な記憶をすぐに飛ばす

二つ目はサブモダリティ・チェンジというものです。

記憶を思い出す場合は、大抵の場合は最初に映像がきます。そして、それはフルカラーで思い出しています。

次に音声です。主音も周囲の雑音も鮮明に思い出されます。最後に体の感覚（触覚や匂いなど）です。

嫌なイメージを思い出してしまう子どもは、思い出したときにその映像を、まるで映画が再生されるように最初から最後まで味わっています。ときにはさらなる余分な情報を付加してしまう場合もあります。

頭の中で映画が再生され始めたら、その瞬間に白黒にします。そして、その映像にボカシをかけます。次に、それから徐々に小さくして、遠くに放り投げてしまいましょう。そのときに頭の中でガンガンと音楽をかけることです。これを繰り返すことで、頭の中の記憶が切れ、嫌な記憶を自然に思い出せなくなります。

嫌なことを忘れる方法その２

〝イメージ映像を飛ばし、差し替える〟

Coaching 5-10

プラスの感情を書き出すことで自己肯定感をさらに高める

プラス感情を書くのには、日記が一番ですが、単に紙に書き出させることでも有効です。

こんな研究を聞いたことがあります。百人に紙に毎日の記録をつけるように指示します。一方のグループにはその日にうれしく思ったポジティブな出来事のみを記すように指示し、もう一方のグループには単純にその日にあったすべての出来事（事実）のみを記録するように指示しました。その結果、前者は、後者に比べ、幸せ感と満足度が圧倒的に高いという結果になりました。ポジティブな出来事を記録することでその経験を改めて満喫し、生活全体に対する感情をさらに向上させることができたからのようです。

さらに、そのポジティブな内容を友だちや愛する人に話すことで、幸せ感と満足度が二倍、三倍以上にも増幅するという結果が出たとのことです。

プラス感情を紙に書けば幸せになる

〝プラス感情は紙に書き、人にどんどん話そう〟

Coaching 5-11

マイナスの感情を書き出すことで客観的にとらえる

紙に書く効果はマイナス面でも有効です。最近では、日記ではなく、ＳＮＳや写真中心のインスタグラムを活用している人もいます。マイナスの感情や出来事を書き出すということは「心のなかでもやもやしていた感情を客観的にとらえることができる」という効用があるようです。

自分の心の中にあるマイナスの感情は、そっとしておいてもなかなか解決されません。蓄積されてしまいます。そこで、それらを書き出したりし、外部に表現し、さらに突き詰めてくことがよいでしょう。先にもいいましたが、毎日、日記を書き綴ることができれば一番よいのですが、自己肯定感の低い子どものほとんどは、日記を習慣化するのは難しいようです。そこで、教師がマイナス感情を受け入れる聴き役になったりします。教室内に「改善ＢＯＸ」や「不満ＢＯＸ」を置き匿名で書いてもらうなどの工夫も効果があります。

マイナス感情を書けば消える

〝嫌なことがあったときだけでも、気持ちを書き出させる〟

悪いことを予測しながらも、いい結果を思い描くこと

「プラス思考が大切だ」とよく言われます。しかし、自己肯定感の低い子どもにそう話しても、なかなかプラス思考にはなれません。というのは、「言葉で口に出すことは簡単ですが、ほんとうに苦しい状況にあるときに、プラス思考で考えるのは難しい」からです。また「悪いことしか想像できない」ことだってあります。

プラス思考というと、「自分の都合のいいように考えること」とか「苦しむことを避けて通る方法」と考えられますが、本当のプラス思考には、ときには苦しみや悩みがついてまわることがあります。

大切なのは、「悪いことや辛いことを予測しながらも、いい結果を思い描く」ことなのです。「今後は、これくらいの困難が予想されるだろう。でもきっと何とかなって、明るい未来が開けてくるに違いない」と信じ、どう行動するかを考えさせることです。

プラス思考にはマイナス現象を伴う

〝悪いこと、辛いことを予想しながらも、よい結果を考える〟

Fake it till you make it.

アメリカには古くからこんな諺があります。

「Fake it till you make it ～それが本当に実現するまで、なったフリをしろ！」というものです。この諺の意味は「現在、実際にその力をまだもっていなくても、もっていると思い込んでいれば、やがて現実になる」ということです。

未来を変えたいのであれば、最も効果的で簡単な方法は「既にゴールを達成した自分」という意識をさせることです。

自己肯定感を高めたいのであれば、自己肯定感の高い人のまねをする（モデルにする）とよいのです。そのためには、まず自分で自分を騙すのです。脳は何が本当で何が嘘かなどわかりません。プロサッカー選手になりたい子どもがいたら、今この瞬間から「自分はプロサッカー選手なんだ！」と思い込ませるようにしむけます。そして、プロサッカー選手のフリをさせると、ほんとにそうなってしまうということです。

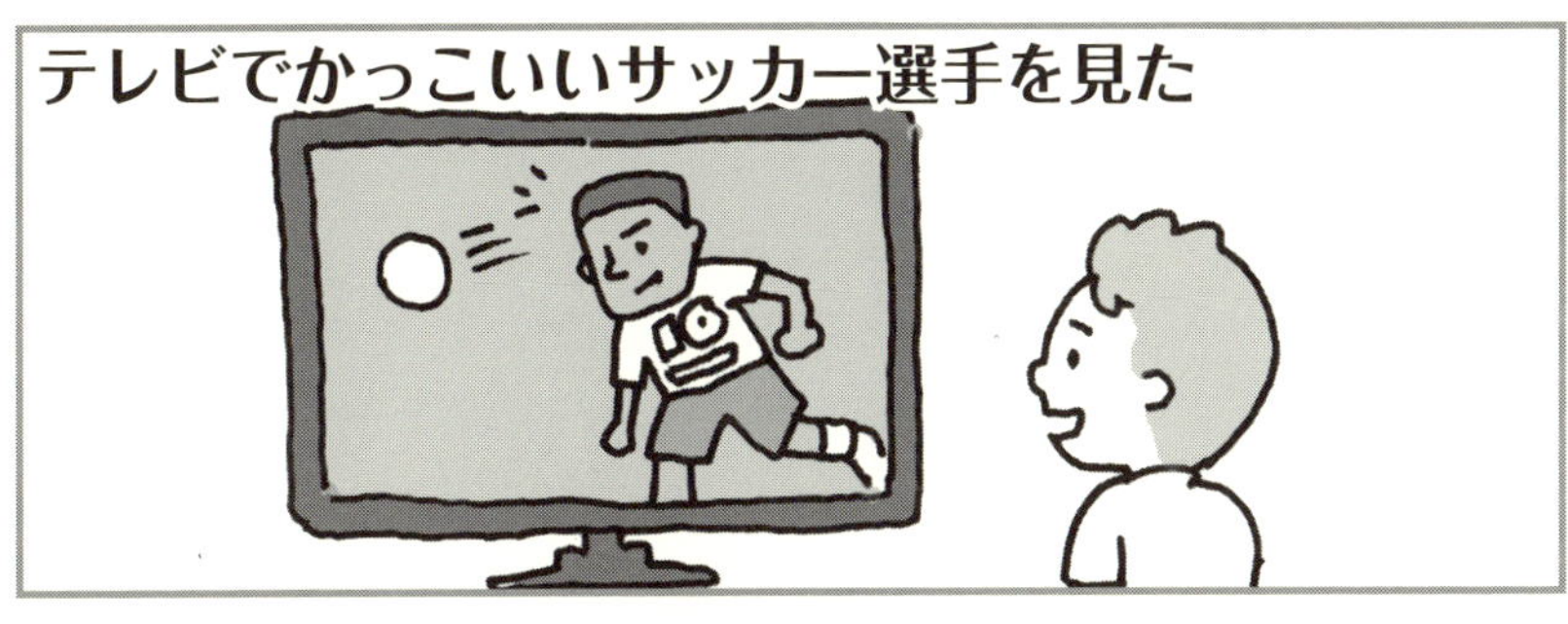

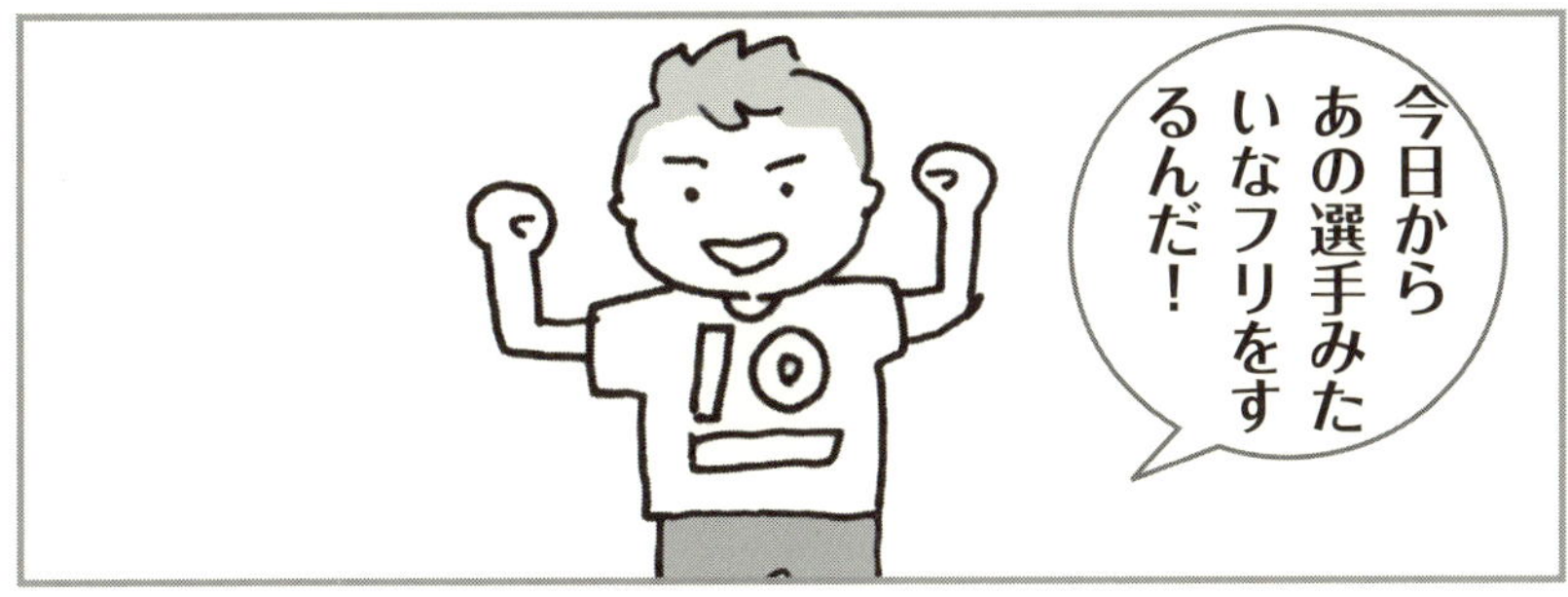

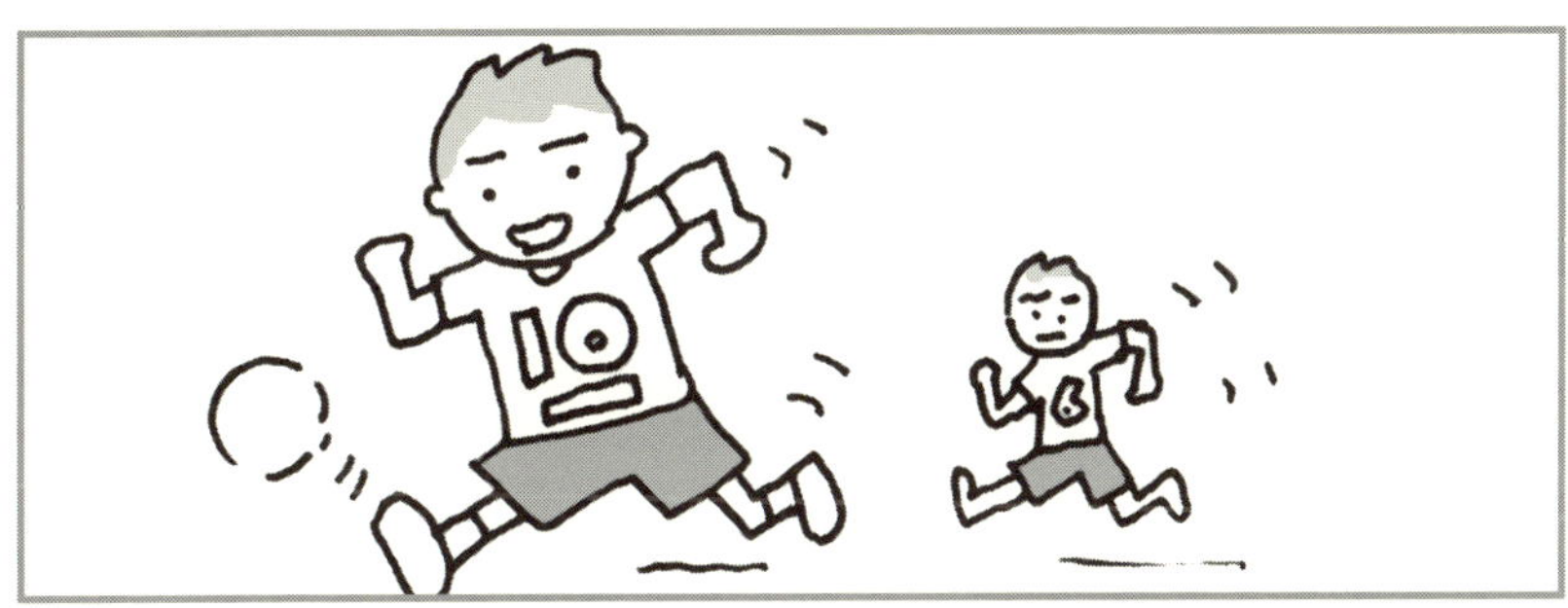

〃自己肯定感の高いフリをする〃

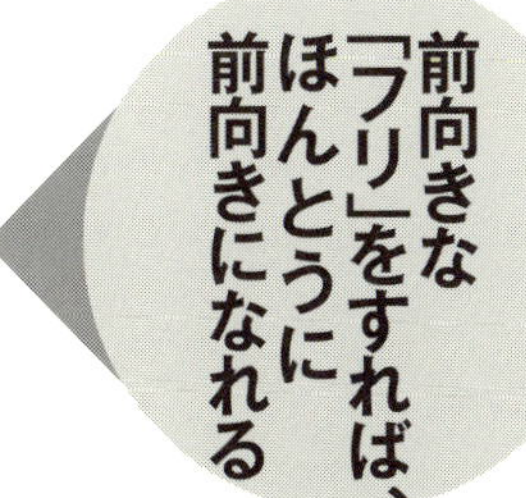

前向きな「フリ」をすれば、ほんとうに前向きになれる

過去のすべての素晴らしかったことをリストアップさせる

肉体には食べ物というような栄養をとるのと同じように、心にも日常的に心の栄養をとることが大切です。

子どもの可能性は無限ですが、それは何をやっても一番になれるということではありません。世界中には、現在七十億人以上の人がいますが、一人として同じ人はいません。そして、誰にも持って生まれた独自の才能があるはずです。それを発見させるためにも、「自分自身に既に備わっている物」「成し遂げてきたこと」などをすべてリストアップさせることです。そうすることで「自分は何のために生きているのか?」「これから何をすればいいのか?」などの存在価値が見えてきます。そして、この存在価値を明確にすることで「心の栄養源」になるものが見えてきます。心の栄養をとるための、ポイントは三つあります。

一　自分の存在価値に目を向ける
二　心の栄養源を明確にする
三　定期的に、計画的に実行する

心の栄養をとる

“心の栄養を定期的にとろう”

おわりに

自己肯定感をどう高めるか？ は、日本の教育の最大の課題ともいえます。その一つの理由に、自己肯定感とは、人生の最後の瞬間、死に直面した時でさえ付き合わなければならない「生きているもの」だからです。うまく付き合わなければ、幸福な人生を送ったとはいえないでしょう。

自己肯定感は思いもよらない力を、プラスにもマイナスにも発揮します。その感情にどのように対処したらよいのかは、この本の中で紹介しました。学校生活の中での言動は、ささいなことから大きなことまで自己肯定感がともなわないことはありえないのです。そのたびに、消極的な気持ちによって感情がコントロールされるのではなく、積極的な気持ちで感情を上手にコントロールすることによって、潜在的な力や秘めている生命の力を最大限に発揮したいのです。

ますます、国際化し、情報化が加速度的に増している日本の教育では、直面する問題が年々増えてきます。子どもの価値観も日々変化するでしょう。子どもたちには、こうした問題を解決するだけではなく、いったい何が課題であるかをもう見直し、発見するエネルギーも必要です。自己肯定感の低下は、時として現実を正確に認識する洞察力を奪ってしまうことがあります。しかしまた、自己肯定感が生み出す感情があるからこそ、子どもたちは喜怒哀楽を表現し、情熱をもって行動を起こすことができるのです。創造力や独創力が水を得た魚のように動きだすのもここからくる感情の支えがあるからです。

「何ごとも希望を持って決してあきらめないでほしい」「結果が悪くても、そんなにがっかりしないでほしい」「月に向かって石をぶつける」気構えをもってほしい。そして「一歩ずつ前進する」「困難なことがあっても継続する」ことが大切です。その結果、最高の幸せを得られると信じています。

最後になりましたが、こんなにも分かりやすく校正してくださった金子書房編集部の岩城亮太郎氏と温かいイラストで親しみやすくしていただきましたイラストレーターの吉林優氏に心から感謝します。

平成二九年八月吉日

神谷和宏

著者紹介

神谷和宏（かみやかずひろ）
愛知県公立中学校教員
教育コーチング　心理カウンセラー
愛知教育大学卒業

個に応じた指導の在り方を研究し、体験的な活動を取り入れた学習指導で第４５回読売教育賞を受賞する。コーチングアカデミー等のコーチ養成機関で学び、学校教育を中心にコーチングの普及に努める。同時に日本メンタルヘルス協会でカウンセリングを、日本ＮＬＰ協会でＮＬＰを学ぶなどし、様々な心理学を取り入れ、いろいろな症状の子どもに対応できる心理学的なアプローチを指導している。「すべての人に愛と感動を呼び起こす」をミッションとして、全国の教育委員会、教育センター、学校、ＰＴＡ、看護学校、病院、障害者施設などを中心に「やる気と意欲を引き出し、持続させる研修」を実践し、全国各地を飛び回っている。

著書

『アクティブ・ラーニングを動かすコーチング・アプローチ』（明治図書出版）
『○×イラストでわかる！　教師のほめ方叱り方コーチング』新書版（学陽書房）
『教師のための　子どもが動く！コーチング50』（金子書房）
『教師のための「続ける力」コーチング』（学陽書房）
『子どものやる気を引き出すスクールコーチング（ＤＶＤ付）』（学陽書房）
『図解　先生のためのコーチングハンドブック』（明治図書出版）
『教師のほめ方叱り方コーチング』（学陽書房）
『「いじめ・不登校」から子どもを救う！　教室コーチング（共著）』（明治図書出版）　他

ホームページ　神谷和宏　コーチング　で　検索
http://www.katch.ne.jp/~k-kami/
メール　akh3406@hotmail.com

子どもの自己肯定感UP（アップ）コーチング

2017年9月25日　初版第1刷発行　［検印省略］

著　者　神谷和宏
発行者　金子紀子
発行所　株式会社　金子書房

〒112-0012　東京都文京区大塚3-3-7
TEL　03-3941-0111（代）
FAX　03-3941-0163
振替　00180-9-103376
URL　http://www.kanekoshobo.co.jp

印刷／藤原印刷株式会社　製本／株式会社宮製本所

Printed in Japan　ISBN978-4-7608-2414-4　C3037

好評既刊書

子どもが動くアイデアが満載。心理学、コーチング、NLPなどを応用し、著者が実際に教育現場で使えたものを大公開。誰でもできて、きっと明日から役に立つ!!

教師のための 子どもが動く！ コーチング50

神谷和宏 著

四六判・128頁
本体 1,500円+税

子どもがもっと動くために、あなたがこれからできることを50のコーチングで教えます！

本書で扱う主な内容とキーワード

Chapter 1 子どもを動かすキーコンセプト

行動原理／コーチング1
自己イメージ／コーチング2
自己肯定感／コーチング3
作業興奮／コーチング4
「2･6･2の法則」／コーチング5
オペラント条件づけ／コーチング6
カタルシス／コーチング7
防衛機制／コーチング8
欲求／コーチング9
認知機能／コーチング10
同調行動／コーチング11
カリギュラ効果／コーチング12

Chapter 2 子どもが動くほめ方のコツ

自分ほめ／コーチング13
自分ほめカード／コーチング14
ほめ方のバリエーション／コーチング15
プロセスと自分軸／コーチング16
加点法／コーチング17
ご褒美／コーチング18

Chapter 3 子どもの特性を伸ばす

「好き」の発見／コーチング19
表と裏／コーチング20
個性／コーチング21
行動のエネルギー／コーチング22
コンプレックス／コーチング23
得意を伸ばす／コーチング24

Chapter 4 子どものチャレンジに寄り添う

続ける力／コーチング25
「ダメもと」スタンス／コーチング26
踏み出す勇気／コーチング27
価値ぐせ／コーチング28
成功体験／コーチング29
失敗の効用1／コーチング30
失敗の効用2／コーチング31
アイデア発想／コーチング32
メリットの提示／コーチング33
可能性は未知数／コーチン34
成功のイメージ／コーチング35

Chapter 5 見えない力を活用する

言霊／コーチング36
整理整頓／コーチング37
暗示／コーチング38
色エネルギー／コーチング39
心の投影／コーチング40

Chapter 6 言葉のはたらきを意識する

プラス言葉／コーチング41
名は体を表す／コーチング42
声かけ／コーチング43
逆接と順接／コーチング44

Chapter 7 教師の生き方が子どもを動かす

非言語コミュニケーション／コーチング45
守･破･離／コーチング46
考えさせる場／コーチング47
ユーモア／コーチング48
傾聴／コーチング49
鏡の法則／コーチング50

―他、理想的なノウハウを大公開！

金子書房